DÉPARTEMENT D'ALGER

COMMUNE DE KOUBA

AGRANDISSEMENT

DU

NOUVEAU VILLAGE

**Sur les Terrains domaniaux
affectés au grand Séminaire catholique de Kouba**

Exposé du Maire ;

Rapport de l'Architecte ;

*Plan du nouveau Village projeté sur les Terrains du Séminaire
et Lotissement moyen des dits Terrains.*

ALGER

IMPRIMERIE DE L'ASSOCIATION OUVRIÈRE, P. FONTANA ET Cie

1889

COMMUNE DE KOUBA

AGRANDISSEMENT DU VILLAGE

Exposé du Maire ;

Rapport de l'Architecte ;

*Plan du nouveau Village projeté sur les Terrains du Séminaire
et Lotissement moyen des dits Terrains.*

Conseil Municipal

MM. VERLAGUET, capitaine en retraite, Chevalier de la
Légion d'honneur, propriétaire, viticulteur,
Maire.

BATTY, ancien entrepreneur, propriétaire, rentier,
Adjoint au Maire.

BESNARD, propriétaire viticulteur, Conseiller municipal, *Secrétaire.*

BUREAU, docteur en médecine, Conseiller municipal.

CHARLIN, propriétaire, viticulteur,   Id.

DAUDET, entrepreneur, propriétaire,   Id.

DUSTOU, commissaire-enquêteur, propriétaire, Conseiller municipal.

GRELLET, Chevalier de la Légion d'honneur, propriétaire, viticulteur, Conseiller municipal.

MOLBERT, industriel.   Id.

POMMIER, ingénieur, propriétaire, Id.

REVELIN, industriel,   Id.

SEMEL, propriétaire, rentier,   Id.

Conseillers municipaux au titre indigène

MM. Hassen ben Marabet, propriétaire.
Hassen ben Mohamed Kodja, propriétaire.

Secrétaire-adjoint : M. Courtellemont, capitaine en
retraite, Chevalier de la Légion d'honneur.

Commission extra-municipale

MM. Rattier, Chevalier de la Légion d'honneur, archi-
tecte du Gouvernement.
Servat, ancien entrepreneur, propriétaire, rentier,
à Alger.
Cohade, ancien directeur de travaux, propriétaire à
Alger.
Seigle-Goujon, architecte-expert à Alger.

EXPOSÉ DU MAIRE

PREMIÈRE PARTIE

L'accord étant fait pour la cession à la commune de *quatre hectares trente-neuf ares*, dépendant des terrains domaniaux affectés au grand séminaire de Kouba, et le projet de convention ayant été signé per MM. le Préfet, le Directeur des Domaines, S. E. le Cardinal Lavigerie et le Maire ; de son côté, M. le Gouverneur général venant de nous faire connaître que le Conseil de Gouvernement, auquel avait été soumis le projet, dans sa séance du treize janvier courant, avait émis un avis favorable et que le dossier de l'affaire allait être transmis à M. le Ministre des Finances ; avant d'entreprendre les travaux projetés, travaux qui doivent avoir pour conséquence la réalisation de la 2ᵉ partie du programme municipal, qui consistent à créer un quartier riche et populeux sur les terrains affectés au séminaire et dont la cession est demandée à l'Etat, vous avez décidé :

1° Qu'une Commission extra-municipale, composée d'hommes d'une compétence éprouvée, serait nommée pour rechercher le mode de lotissement le plus avantageux à la commune, au point de vue de son peuplement et de son embellissement ;

2° Qu'un exposé de la question serait fait par le Maire et que cet exposé comprendrait :

1° La situation financière de la commune et ses obligations ;

2° La distribution des dépenses et les moyens d'y faire face ;

3° L'évaluation des terrains à lotir et les recettes possibles ;

4° Le rapport de l'architecte auteur du projet ;

5° Le plan réduit de l'agrandissement projeté.

La Commission extra-municipale, à l'unanimité du Conseil, a été composée de, savoir :

MM. RATTIER, chevalier de la Légion d'honneur, architecte du Gouvernement ;

SERVAT, ancien entrepreneur, propriétaire, rentier;

COUADE, Michel, ancien directeur de travaux, propriétaire.

Membres adjoints à titre consultatif :

MM. BATTY, adjoint au maire, ancien entrepreneur, propriétaire ;

GRELLET, conseiller municipal, propriétaire ;

POMMIER, Id. ingénieur, propr. ;

BESNARD, Id. propriétaire ;

DAUDET, Id. entrepreneur ;

SEIGLE-GOUJON, architecte, auteur du projet.

A cette Commission, présidée par le Maire, furent soumis trois projets d'agrandissement du village, comportant trois modes de lotissement des terrains.

La Commission, après examen des plans, lecture du rapport et vérification sur le terrain, s'est prononcée, sauf quelques modifications de détail, en faveur du premier projet et du plan de lotissement primitif, comme étant celui donnant le meilleur lotissement et préférable aux autres au point de vue de l'embellissement et de l'avenir du nouveau quartier.

Ce projet comprend :

La construction de 32 villas avec jardin et 14 maisons destinées au commerce, à l'industrie et à la classe ouvrière ;

La construction d'un presbytère et d'une église ;

L'ouverture de deux boulevards. l'un dit boulevard de ceinture ou de ronde, d'une largeur de 10 mètres et d'un développement de 641 mètres environ. l'autre dit boulevard central, d'une largeur de 12 mètres et d'un développement de 520 mètres environ :

La construction d'un mur de clôture, d'un développement de 755 mètres, isolant le séminaire du nouveau quartier et longeant la place et le boulevard de ceinture ;

Deux grands murs de soutènement formant terrasse, un longeant le boulevard central, l'autre la route départementale ;

Une place sur laquelle sera édifiée l'église et le presbytère et un square sur lequel sera réservé un emplacement pour la mairie future.

Le tout, ainsi que le porte le plan réduit joint au rapport de l'architecte, faisant suite au présent exposé.

L'emprise des terrains ayant été fixée à 4 hectares 39 ares. L'ouverture des boulevards et des rampes d'accès, la place, le square et les emplacements pour l'église et le presbytère exigent une superficie de 1 hectare 86 ares. Il reste à lotir 2 hectares 53 ares.

Les membres de la Commission extra-municipale sont d'avis que les lots seront très recherchés et trouveront acheteur, surtout eu égard au site du quartier projeté, qui dominant Alger, Mustapha, le Cap Matifou et la rade, est incontestablement le plus en vue des environs d'Alger; toutefois, ils disent que préalablement les boulevards devront être ouverts pour permettre le transport des matériaux et que le lotissement devra être fait de façon à attirer les petites bourses : Tel qui peut dépenser quinze mille francs, a dit M. Cohade, reculerait s'il s'agissait d'en dépenser trente mille. Plus on fera de petits lots et plus la vente en sera facile et certaine.

Le prix moyen de huit francs le mètre a été trouvé raisonnable, surtout si la commune prend à sa charge la construction de tous les murs de soutènement, des trottoirs et autres travaux de voirie et si on procède par ventes successives. Les premiers lots pourront se vendre meilleur marché, 6 francs au minimum; mais, le quartier bien amorcé, les derniers lots se vendront plus cher. Les terrains à bâtir à Ruisseau-Kouba se vendent trente francs le mètre ; ils sont, il est vrai, à 13 ou 1,400 mètres plus près de la ville, mais sont dans une situation absolument inférieure aux terrains du nouveau village projeté.

Si on prend pour base d'évaluations le prix moyen de

huit francs le mètre, et si on évalue les dépenses aux montants indiqués dans le rapport de l'architecte, voici comment se chiffrerait l'opération :

Recettes

1° Vente de 25,300 mètres de terrains lotis.................... 202.400 »
2° Vente de l'ancienne église.. 12.000 »
3° Vente de la maison mauresque comprise dans les terrains cédés .... 18.000 »
4° Réserve en caisse......... 19.039 89

251.439 89

Dépenses

1° Construction d'une église et d'un presbytère .... 60.000 »
2° Indemnité à payer au Séminaire .... 30.000 »
3° Ouverture du boulevard de ceinture et construction du mur de clôture.......... 27.000 »
4° Ouverture de la place et construction de son mur de soutènement et de l'escalier .... 14.500 »
5° Ouverture du boulevard central et des rampes transversales .... 18.000 »
6° Ouverture des escaliers d'accès du square et du terre-plein de la route et banquette .... 11.000 »
7° Construction des murs de soutènement (boulevard central, rampes traversales, route départementale) et des escaliers .... 46.800 »
8° Travaux de voirie (empierrements, constructions de trottoirs et caniveaux, égout 25.800 »
9° Plantations............... 2.250 »
10° Eclairage, reverbères..... 1.050 »

236.400 »

Reste excédent en recettes à valoir pour imprévus.................. 15.039 89

L'architecte est d'avis qu'il n'y aura pas de dépassements et que si quelques imprévus se produisaient ils seraient au delà couverts, d'abord par l'excédent de recette porté comme somme à valoir et en outre par le rabais qui sera consenti par l'adjudicataire et le produit des matériaux (pierre et sable) qui se trouvent sur les terrains cédés et qui représentent une valeur considérable.

N'est-il pas possible encore d'espérer la participation du Gouvernement, au moins en ce qui concerne la construction de l'église et les plantations. L'aménagement des eaux ne doit pas rentrer ici en dépenses ; cet aménagement sera assurément fait par la ville d'Alger, bénéficiaire des concessions qui lui seront demandées et dont elle aura à pourvoir le quartier.

Reste maintenant à faire connaître la situation financière de la commune et ses obligations, la distribution des dépenses à engager et les moyens d'y faire face. Ces questions feront l'objet des 2e et 3e parties de notre travail.

DEUXIÈME PARTIE

Pour bien se rendre compte de la situation, il faut remonter à 5 ans, voir la situation d'alors. Ce qui a été fait, comment tout s'est réglé, les résultats obtenus et la situation d'aujourd'hui. Par cette comparaison, nous pourrons apprécier l'importance de l'œuvre réalisée, celle qui constituera son achèvement et les résultats que nous devons en retirer au point de vue de l'intérêt du pays et de nos finances.

Il y a cinq ans, nos prédécesseurs nous laissèrent un avoir en caisse de............................... 52.783 95

Mais aussi une dette flottante et des dépenses engagées s'élevant ensemble à..... 29.998 70

Restait un avoir disponible de... 23.185 25

Des sommes, s'élevant à 36,844 fr. 13, avaient été

engagées pour la construction d'un groupe scolaire comprenant une école de filles et une école maternelle seulement. Les plans de cette école avaient été bien conçus, mais malheureusement hors de proportion avec le chiffre de la population et les ressources financières du moment.

A la suite de dépassements, des contestations s'élevèrent entre l'entrepreneur et la commune; il en résulta la suspension des travaux, deux procès que nous trouvâmes pendants et qui remontaient à 1881. Les plans de ce groupe avaient été approuvés par l'autorité supérieure, mais leur exécution exigeait encore, au dire de l'architecte, 25,000 francs. Toutes les ressources communales disponibles n'y auraient pas suffi. On y avait déjà, en partie, dépensé le produit de la vente malheureuse de la Sainte-Enfance (25,000 francs) et 13.000 francs de subventions obtenues de l'État ou du département (10,000 francs de l'un et 3,000 francs de l'autre).

C'était une situation très engagée, d'autant plus engagée que nous étions liés, alors que des besoins nouveaux s'imposaient impérieusement.

Nous n'avions ni caserne de gendarmerie ni postes et télégraphes. La mairie croulait. L'école de garçons était insuffisante.

Si nous voulions conserver la brigade de gendarmerie, il nous fallait construire une caserne. Si nous voulions un bureau de postes et télégraphes, il fallait encore construire ou louer des locaux appropriés au service.

La mairie était une vieille masure, une maison arabe qui ne tenait plus.

Nous pouvions réunir tous ces services au centre du village sur un emplacement communal de 2 hectares, mais pour cela fallait-il créer encore une grande place nécessitant un gros mur de soutènement très coûteux, le long de la route, chemin de grande communication n° 14 et ouvrir une large voie d'accès.

C'est avec nos petites ressources de 23,185 fr. 25, que nous avions de disponible, que nous nous sommes mis à l'œuvre.

Il s'agissait, notre résolution prise, de prendre des

mesures promptes et efficaces. Le déplacement de la brigade de gendarmerie avait été décidé et allait s'opérer. L'école des filles se faisait dans des locaux inhabitables. L'école des garçons n'avait qu'une classe insuffisante. Les institutrices se plaignaient avec raison de leurs logements, que, faute d'autres, la commune avait dû louer.

Sans locaux, point de postes et télégraphes.

Faire cesser les procès fut le premier acte de notre administration.

Cela fait, à force d'insistance, nous obtînmes le remaniement des plans des écoles. L'école maternelle fut supprimée et par contre l'école des garçons fut comprise dans le groupe scolaire. Cette école, qui comptait 72 élèves, fut scindée, un adjoint fut créé et il en résulta la nécessité d'aménager un troisième logement pour le personnel enseignant.

Avant d'engager les dépenses, nous traitâmes, savoir :

Avec le département pour la caserne de gendarmerie. Un bail de 18 ans fut consenti et le prix annuel fut fixé à 1,800 francs. Avec l'administration des postes pour le bureau des postes et télégraphes et le logement du receveur. Un deuxième bail fut consenti, encore pour une durée de 18 ans, et le prix du loyer fut fixé à 900 francs, dont 500 francs à la charge de la commune et 400 francs à la charge de l'Etat.

Pour la construction de l'école des garçons, la participation de l'Etat fut demandée. Cette participation fut plus tard fixée par le ministre à 13,250 francs.

Ces résultats considérables obtenus, le déplacement de la mairie fut décidé. Tout fut mené de front.

Les travaux d'achèvement des écoles furent adjugés au prix de.................................... 19.778 fr.

Les travaux de construction de la caserne de gendarmerie à........................ 19.000

Les travaux des postes et télégraphes à. 3.000

Les travaux de la mairie à............ 5.000

Total.................. 46.778 fr.

Faisant la part de l'inconnu et des dépassements qui devaient en résulter, surtout en ce qui concernait la construction de la caserne de gendarmerie et des postes et télégraphes, pour l'aménagement desquels il avait fallu utiliser l'ancienne école des garçons et un pavillon de l'ancienne mairie, il fut décidé, par mesure de prudence, que les dépassements, s'il s'en produisait, seraient payés en cinq annuités et moyennant un intérêt de 4 0/0.

C'est dans ces conditions, tout bien pesé, que l'on se mit à l'œuvre.

Voici comment l'opération fut liquidée :

Les écoles coûtèrent.....................	30.629 91
La gendarmerie.......................	33.720 99
Les postes et télégraphes..............	5.831 33
La mairie..........................	8.561 55
Total...................	78.743 78

Les dépassements furent de 31,965 fr. 78. C'était beaucoup, néanmoins notre objectif fut :

Réaliser des économies, ni augmentation de taxes ni emprunt autre que celui à consentir à la Caisse des écoles, mais encore sans augmentation du chiffre des centimes additionnels votés par le Conseil général (0,20).

Le Conseil municipal ne s'en tint pas là, il décida de clôturer les écoles et de les relier par un petit pavillon central destiné à une bibliothèque communale, il décida encore l'acquisition d'une pompe à incendie, la création d'un gymnase et d'un petit champ d'études viticoles pour les élèves fréquentant l'école ; des plantations d'arbres et la construction d'une fontaine furent réalisées. Enfin, pour couronner l'œuvre, on créa une caisse des écoles, permettant la distribution gratuite des fournitures scolaires, et tout cela se chiffra à une dépense, une fois payée, de 2.284 fr. 92 et à l'inscription au budget d'une dépense annuelle de 600 francs.

C'est quand ces dépenses complémentaires furent

assurées et que les bâtiments construits furent livrés à leurs affectations que le maire, ayant foi dans le patriotisme des Algériens, eut l'idée d'élever une statue au général Margueritte, ancien élève de l'école communale de Kouba, tué à Sedan. Le décret nécessaire à l'érection de ce monument fut obtenu du Président de la République. Une souscription exclusivement algérienne fut ouverte. La commune souscrivit 500 francs. L'appel du maire fut entendu : 28,250 francs furent recueillis. L'exécution du monument fut confiée à de grands artistes parisiens : MM. Albert Lefeuvre, statuaire ; Lucien Leblanc, architecte, et Basset, fondeur. L'inauguration eut lieu le 17 avril 1887, avec solennité.

A l'occasion de cette inauguration. le Conseil municipal s'engagea dans de nouvelles dépenses, relativement considérables.

Il participa aux frais de la fête pour.....   1.000 fr.

Embellissements :

Travaux d'enduits, peintures, appropriations aux édifices communaux............   1.200
Horloge et éclairage du village (8 réverbères).................................   1.300
Mobilier de la salle des délibérations et divers...............................   1.425

TOTAL..................   4.925 fr.

Si maintenant on récapitule toutes les dépenses soldées pour l'exécution de la première partie de son programme, voici le chiffre total :

Ecoles, gendarmerie, postes et télégraphes et mairie...........................   78.743 78
Travaux complémentaires...............   2.284 92
Embellissements.......................   4.925 »

TOTAL...................   85.953 70

Comment toutes ces dépensens ont-elles pu être soldées sans augmentations de taxes et sans emprunt ?
C'est bien simple :

Nous avions le reliquat de caisse laissé par nos prédécesseurs............................... 23.185 25
Nous avons obtenu de l'Etat............ 13.250 »
L'emprunt à la Caisse des écoles a fourni. 13.250 »
Les économies que nous avons réalisées
sur les budgets des exercices 1884, 1885,
1886 et 1887 ont été de .... 16.500 »
Et les ressources ordinaires de la commune ont fourni le reste................. 19.768 45

Balance................ 85.953 70

Les économies eussent été plus considérables si le
Conseil n'avait eu à cœur de s'associer à toutes les
œuvres patriotiques et de solidarité pour lesquelles il
lui fut fait appel. En voici l'énumération :

Pour les victimes du choléra........... 200 fr.
Pour les victimes du tremblement de terre. 100
Pour achat d'une couronne aux obsèques
de Victor Hugo...................... 50
Subvention à une fête de charité........ 250
    —   à la Caisse des écoles laïques. 2.300
    —   statue du général Margueritte. 500
    —   statue Blandan 100
    —   Concours régional de Boufarik. 100
    —   au fourneau économique..... 2.000
    —   pour les victimes des sauterel-
        les. 1.150
    —   pour l'Exposition universelle
        1889 100

Total................ 6.850 fr.

On n'a pas pour cela diminué les dépenses d'entretien.
A Kouba jeune, nous avons mis à neuf la noria et
doublé le volume d'eau du lavoir ; à Kouba vieux, nous
avons, là aussi, remis la noria à neuf, créé une fontaine
et un abreuvoir. Le cimetière a été fermé avec un por-
tail en fer. Nous avons accordé une subvention de 150
francs pour l'achat de la cloche de l'église. L'améliora-

tion de nos chemins ne s'est pas ralentie. Nous avons procédé au classement de nos chemins ruraux et nous nous sommes créé de nouvelles ressources ; mieux, nous avons intéressé à la mise en état de ces chemins tous les propriétaires, qui, outre la 4ᵉ journée de prestation imposée, se sont engagés de faire des prestations en nature, selon l'importance de leur exploitation. L'élargissement et la modification du tracé du chemin nᵒ 8 ont été demandés. C'est une dépense de 12 à 14,000 francs à faire. Les propriétaires riverains donnent les terrains nécessaires gratuitement et, de plus, MM. Grellet et Semel offrent une subvention, M. Grellet de 5,000 francs et M. Semel de 1,500 francs, soit 6,500 francs. La commune fera le reste.

Enfin nous avons mis à l'étude la construction d'une école mixte au Gué-de-Constantine, et M. Scala, propriétaire, a acquiescé à notre demande et abandonnera gratuitement à la commune l'emplacement nécessaire.

En réorganisant le service de l'assistance publique, nous avons accompli une œuvre humanitaire qui, au total, a tourné au profit de nos finances. Il est plus moral de donner à nos malades, dans les cas ordinaires, des soins à domicile que de les envoyer à l'hôpital. Le sentiment de la famille se relâche moins, et les secours alimentaires profitent aux enfants qui, momentanément, n'ont plus les bras de leur père ou mère pour leur donner du pain.

Enfin, le Conseil municipal a créé un cours d'adultes et a voulu, ainsi que cela se pratique pour l'école des enfants, que les fournitures scolaires soient distribuées gratuitement aux élèves. Ce cours est suivi par 40 personnes de tout âge. C'est autant d'arraché à l'ignorance ; nous avons rempli l'école et fait du vide au cabaret ; c'est tout bénéfice.

Nos ressources ordinaires et quelques petits encouragements que nous avons reçus ont suffi à ces dépenses d'ordre particulier.

Le résultat final a été : solde de toutes les dépenses sans augmentation de taxes ; ressources budgétaires portées de 23,158 fr. 45 à 28,727 fr. 32.

Pour cela, il a suffi de beaucoup d'économie et de non moins de ténacité et d'esprit de suite. Il a fallu surtout, dans les délibérations du Conseil, l'unanimité de ses membres. Un maire ne peut rien avec un Conseil divisé.

TROISIÈME PARTIE

VOIES ET MOYENS

—

Pour réaliser nos projets, il fallait d'abord négocier avec S. Em. le cardinal Lavigerie et faire l'accord ; il fallait encore nous ménager des ressources. Les négociations remontent à 5 ans.

Très sagement le Conseil municipal divisa son programme en deux parties. Il fallait d'abord s'outiller, aller au plus pressé : bâtir des écoles, la caserne de gendarmerie, le bureau des postes et télégraphes et la mairie. N'ayant qu'un avoir de 23,185 fr. 25 c., c'était là une très grosse et très délicate entreprise, aussi n'est-ce que quand la première partie de notre programme fût réalisée, que tout fût payé, que la question de réalisation de la 2e partie fût résolument abordée.

De fait, si nous avions beaucoup dépensé, par contre, n'ayant fait que des dépenses productives, nous avions augmenté nos ressources.

En 1884, les recettes du buget furent arrêtées par le Préfet à 23.158 45

En 1888   Id.   à   28.727 32

Différence en plus 5.568 87

Cette augmentation de près d'un quart de nos recettes **a été la conséquence :**

1° De la suppression des logements en ville des institutrices.................................... 576 »

2° De la suppression de la part incombant
à la commune pour les postes et télégraphes. 500 »

3° Du produit de la location de la gendarmerie au département...................... 1.800 »

4° Du produit de la location des postes et
télégraphes .... 400 »

TOTAL .... 3.276 »

La population, qui n'était que de 1,424 ha-
bitants en 1884, s'est élevée au dernier recen-
sement à 1,910 ; cette augmentation de 514
contribuables a produit.................... 2.292 87

TOTAL ÉGAL.......... 5.568 87

C'est là un excédent réel, qui ne repose pas sur des
éventualités. Tous nos services étant convenablement
dotés, à quoi fallait-il employer cet excédent?

Pour sûreté des engagements que nous avions pris
envers l'Etat et le cardinal Lavigerie, il nous avait été
imposé un emprunt de 85,000 francs, gagé, par privilège,
sur les terrains du Séminaire cédés. De plus, nous avions
à payer au Séminaire, comme indemnité, pour perte de
revenus, 30,000 francs dans un délai de 3 ans. C'était
par conséquent une dette de 115,000 francs pour la commune, dette exigeant, au taux de 5 0/0 l'an, une rente
annuelle de 5,750 francs, amortissement non compris.

Créer cette ressource au moyen de surtaxes eut été
possible, mais nous n'y avons pas songé, ayant le nécessaire pour faire face à tous les besoins.

Par suite de l'augmentation normale de nos revenus,
sur les instances du maire, il y a 2 ans, le Conseil, après
avoir voté l'emprunt de 85,000 francs et fixé à 30,000
francs l'indemnité à payer au Séminaire, décida qu'en
prévision de la réalisation du projet d'agrandissement
du village, il serait inscrit au budget, au chapitre des
dépenses, une provision de 6,000 francs pour assurer le
service des intérêts de la dette à contracter; c'était 250
frencs de plus que le nécessaire.

Cette mesure de prévoyance porte aujourd'hui ses fruits ; les ressources nécessaires au service de la dette de 115,000 francs sont plus qu'assurés et cela sans augmentation de charges pour les contribuables et par le seul fait de l'augmentation des revenus communaux.

Ces résultats sont tangibles ; après avoir soldé toutes les dépenses de construction des écoles, de la gendarmerie, des postes et télégraphes, de la mairie, etc., nous avons, à quelque mille francs près, reconstitué l'encaisse que nous avait laissé nos prédécesseurs.

A la date du 31 décembre dernier, notre avoir en caisse était de.......................... 19.039 89

Si on ajoute à cette encaisse le produit de l'emprunt............................ 85.000 »

Reste net, pour engager les travaux.... 104.039 89

La commune a pris des engagements ; elle ne pourra vendre les terrains cédés qu'au fur et à mesure de l'avancement des travaux qui lui ont été imposés par la convention. Ces travaux sont :

La construction d'une église et d'un presbytère, évaluée.................................... 60.000 fr.

La construction d'un mur clôturant le Séminaire, évalué........................ 25.000

85.000 fr.

Quand la commune aura exécuté un tiers de ces travaux, il lui sera donné mainlevée par l'administration des Domaines sur un tiers des terrains cédés, et ces terrains pourront alors être vendus de même pour les 2e et 3e tiers.

Or, le tiers de 85,000 francs étant de 28,333 fr. 33, quand la commune aura dépensé cette somme, elle entrera en possession d'un tiers des terrains cédés et par leur vente pourra par conséquent se créer de nouvelles ressources ; au 2e tiers, elle pourra commencer à rembourser le Crédit Foncier, et, au dernier tiers, se liquider entièrement.

En effet, les dépenses, d'après les évaluations de l'avant-projet, consciencieusement dressées par l'architecte, doivent se chiffrer à la somme de deux cent six mille quatre cents francs.

Si on divise les travaux en deux parties, la première comprenant tous les travaux *imposés* et de plus l'ouverture des boulevards et la construction de quelques murs indispensables pour le soutèment des terres, de façon à permettre le lotissement, et aussi le transport des matériaux.

L'exécution de cette première partie doit coûter :

1° Eglise et presbytère................... 60.000 fr.

2° Ouverture du boulevard de ceinture et construction de son mur de clôture.... 27.000

3° Ouverture de la place et construction de son mur de soutènement et de ses escaliers 14.500

4° Ouverture des rampes transversales et construction de leurs murs de soutènement. 6.000

MONTANT TOTAL DE LA PREMIÈRE PARTIE. 107.500 fr.

Ces dépenses peuvent être engagées immédiatement, la commune ayant un avoir disponible de 104,039 fr. 89.

L'exécution de la 2e partie qui complètera la première sera subordonnée à la vente des terrains.

Pour cette vente, nous avons admis une moyenne de 8 francs le mètre ; 6 francs le premier tiers, 8 francs le deuxième tiers, et 10 francs le troisième tiers.

Ainsi : 11 lots, d'une contenance ensemble de 7.600 mètres à 6 francs, produiraient........... 45.600 »

11 lots, d'une contenance ensemble de 7,600 mètres à 8 francs, produiraient...... 60.800 »

10 lots, d'une contenance ensemble de 7,600 mètres à 10 francs, produiraient..... 76.000 »

14 lots industriels, d'une contenance ensemble de 2,500 mètres à 8 francs, en moyenne produiraient................... 20.000 »

Au total 46 lots, pour une somme TOTALE.. 202.400 »

Il suffirait de la vente des premiers 22 lots pour solder les dépenses de la 2ᵉ partie.

Avec la vente des derniers 24 lots, on rembourserait le Crédit Foncier.

La vente de la maison mauresque cédée par le Séminaire, estimée 18,000, et de l'ancienne église, estimée 12,000 francs, soit 30,000 francs pour les deux, servirait à rembourser le Séminaire.

Et maintenant, si nous remontons à 5 ans et que nous comparions la situation d'alors et celle d'aujourd'hui, nous arrivons à cette constatation :

La réalisation de la première partie de notre programme a coûté 85.953 70

Pour toutes ressources, nous avions :

L'encaisse disponible 23.185 25
La subvention de l'État . . . . 13.250   » } 49.685 25
L'emprunt à la caisse des Écoles . . . . 13.250   »

DIFFÉRENCE EN MOINS 36.268 45

Cette différence a été payée avec le produit des économies réalisées.

La réalisation de la 2ᵉ partie se présente dans des conditions bien différentes et autrement avantageuses.

L'évaluation des dépenses nécessaires pour la création du nouveau quartier s'élève à la somme de 206,400 fr.

Savoir :

1ʳᵉ Partie, travaux obliga-
toires . . . . 107.500   » } 206.400   »
2ᵉ Partie, travaux complé-
mentaires . . . . 98.900   »

Pour couvrir ces dépenses, nous avons les recettes qui s'élèvent à la somme de 336.439 fr. 89.

Savoir :
Pour assurer l'exécution de la 1ʳᵉ partie des

A reporter . . . . 206.400   »

Report...... 206.400 »

travaux, l'avoir en caisse et le produit de l'emprunt 104.039 89

Pour l'exécution de la 2ᵉ partie complémentaire ; le produit de la vente de 25,300 mètres carrés de terrain à 8 francs le mètre en moyenne........... 202.400 »

La vente de l'ancienne église................. 12.000 »

La vente de la maison mauresque .... 18.000 »

} 336.439 89

L'excédent des recettes sur les dépenses est de........................... 130.039 89

Cet excédent assurera le remboursement, savoir :

1° De l'indemnité due au Séminaire.. .... 30.000 »

2° De l'emprunt au Crédit Foncier................. 85.000 »

} 115.000 »

Il restera encore comme excédent de recette une somme de.................... 15.039 89

Si à cette somme on ajoute la valeur des matériaux trouvés sur place et qui viendra en déduction du montant des travaux, valeur évaluée à...................... 15.000 »

Il restera, une fois tout liquidé, un excédent de recette de trente mille trente-neuf francs quatre-vingt-neuf centimes, ci...... 30.039 89

Qui permettra de couvrir tous les imprévus qui pourraient se produire.

Est-il possible qu'une opération se présente dans des conditions plus avantageuses ?

Mais vendra-t-on les terrains ? En ce moment, il y a 15 demandes de lots et il en arrive tous les jours La

Commission extra-municipale est d'avis que ces terrains seront très recherchés.

L'exécution de la 1re partie de notre programme a eu pour effet de porter les revenus de la commune de 23,158 fr. 45 à 28,727 fr. 32.

Les résultats que produira l'exécution de la 2e partie de notre programme seront autrement considérables, par le fait de l'augmentation de la population européenne et de la plus-value que prendra la matière imposable ; nos revenus dépasseront 40,000 francs, soit une augmentation de près de 12,000 francs au moins.

Pour cela, il faut continuer à nous serrer les coudes, être comme précédemment toujours unanimes dans nos délibérations, nous borner à faire de l'administration, non pas savante, mais de bon père de famille. Tous enfants de nos œuvres, nous savons ce que coûte l'argent, de gagner et, par conséquent, ce qu'il vaut. Un maire n'est réellement fort et écouté je le répète qu'à la condition d'avoir avec lui non seulement tout son Conseil municipal, mais encore tous ses administrés.

L'œuvre que nous poursuivons est considérable si nous la menons à bien, et nous le pouvons; nous aurons rendu un immense service au pays et bien mérité de nos concitoyens.

Kouba, le 31 janvier 1889.

Le Maire,
VERLAGUET.

RAPPORT DE L'ARCHITECTE

SUR L'AVANT-PROJET D'OUVERTURE

ET DE LOTISSEMENT DU NOUVEAU QUARTIER DE KOUBA NEUF

PROJETÉ SUR LES TERRAINS DU SÉMINAIRE.

DÉLIMITATION ET SURFACE

Le nouveau quartier de Kouba neuf est projeté sur une parcelle des terrains domaniaux affectés au grand Séminaire. Cette parcelle, cédée par l'État à la commune de Kouba en vertu de la convention intervenue entre elle, l'autorité épiscopale, l'autorité préfectorale et le service des Domaines, s'élève à une superficie de quatre hectares trente-neuf ares, d'après la mensuration qui en a été faite en conformité et suivant les plans du service des Domaines.

Le plan du nouveau quartier projeté, dressé par nous, architecte soussigné, est joint au présent rapport.

Les terrains devant servir d'assiette au nouveau quartier sont limités des côtés Ouest et Nord par la route départementale d'Alger, Kouba, Rovigo; des côtés Est et Sud par les terrains réservés affectés au Séminaire.

Du côté de la route, les terrains longent cette dernière sur un parcours de 850 mètres, depuis la borne 4 kil. 600 située sur la route en dessous du Calvaire jusqu'au point kilométrique 5,450, origine du chemin conduisant au Séminaire.

Du côté du Séminaire, les terrains sont exactement limités par la ligne brisée A B C D E F G H menée comme suit :

La partie A B est menée parallèlement et à 12 mètres du Calvaire;

La partie B C D E formant deux coudes en C D est menée parallèlement et à 72 mètres de l'alignement fixé par la crête du talus de la route; à partir de la borne 5 kil. 100, cette largeur se rétrécit, suivant le tournant de la route départementale jusqu'à la rencontre du prolongement de D E ;

La partie E F se dirige au Sud, forme un angle de 103° environ avec la ligne précédente et est menée parallèlement et à 36 mètres de l'alignement fixé par la crête du talus de la route ;

La partie F G oblique à l'Est pour dégager l'emplacement de l'église projetée, le point G étant situé perpendiculairement et à 65 mètres de l'alignement ci-dessus ;

La partie G H redescend à l'Ouest et suit le chemin conduisant au Séminaire.

Les terrains cédés comprennent donc ainsi deux bandes longeant la route départementale, une bande aval ayant 72 mètres de largeur et une bande amont ayant 36 mètres de largeur, plus un triangle dont le sommet est au G.

La ligne limitant les terrains cédés est exactement rapportée sur le plan ci-joint et les sommets B C D E F G sont provisoirement repérés sur le terrain au moyen de balises avec fanion. La ligne A B C D E F G H et les diverses distances fixées ci-dessus sont en outre exactement indiquées au plan annexé à la convention susvisée et seront maintenues lors de la délimitation officielle qui sera faite contradictoirement entre la commune et le Service des Domaines, lorsque le décret de cession sera parvenu à l'autorité compétente.

DIVISION DU QUARTIER. — VOIES A OUVRIR

L'emplacement du quartier une fois déterminé, la surface et les limites une fois arrêtées, les terrains ont été divisés de la manière suivante, en conformité aux termes généraux de la convention et des délibérations du Conseil, en ce qui concerne les voies à ouvrir.

Les voies à ouvrir partageant les terrains en plusieurs îlots et en assurant l'accès, sont :

1° Un boulevard de ceinture ou de ronde ;
2° Une place ;
3° Un boulevard central ;
4° Deux escaliers d'accès ;
5° Deux rampes transversales ;
6° Un chemin de service ;
7° Un square avec escalier d'accès.

Ces voies sont établies comme suit :

1° *Boulevard de ceinture ou de ronde*. — Ce boulevard, d'une largeur de dix mètres. longe la limite des terrains déterminés ci-dessus, son axe est mené parallèlement et à 5 mètres de la ligne A B C D E F G H. La partie inférieure du boulevard, de A à B, en raison de la grande déclivité du terrain. sera remplacée par un escalier ; la partie F G traverse la place, avec laquelle elle se trouve confondue ; la partie G H emprunte le chemin du Séminaire.

Le boulevard de ceinture, de même que sa largeur de 10 mètres, est imposé par la convention qui veut que les terrains restant au Séminaire soient isolés de toute part du nouveau quartier d'une distance de 10 mètres. La convention impose également la construction d'un mur de clôture sur la limite des terrains, l'emplacement nécessaire à l'établissement du dit mur devant être pris au delà de la limite, sur les terrains du Séminaire.

2° *Place*. — Cette place, sur laquelle doivent être édifiés l'église et le presbytère. est située en face la place de la Mairie actuelle. L'axe de la nouvelle place se trouve exactement dans le prolongement de celui de la Mairie. Cette place, située à une altitude bien supérieure à celle actuelle, sera mise en communication avec la route départementale par le boulevard de ceinture d'abord et par un escalier monumental situé en son axe.

3° *Boulevard central*. — Ce boulevard a 12 mètres de largeur; partant de la route départementale sur le prolongement de D E. il suit une direction parallèle au bou-

levard de ceinture et partage les terrains cédés en deux
bandes d'égales largeurs.

4° *Escaliers d'accès.* — Escaliers B D et escalier du
square. Ces escaliers donnent accès de la route départementale au boulevard central et au boulevard de ceinture. (L'escalier D est déjà compris ci-dessus dans le
boulevard de ceinture dont il fait partie).

Les escaliers A C ne sont figurés au plan ci-annexé
qu'à titre d'indication, ils ne sont nécessaires ni au lotissement ni à la viabilité du quartier. Toutefois, ils pourraient être ultérieurement exécutés si l'utilité en était
absolument démontrée.

5° *Rampes transversales.* — Ces deux rampes ont 8 mètres de largeur. La rampe aval communique de la route
départementale au rond-point central, et la rampe amont
de ce rond-point au boulevard de ceinture. Elles assurent
l'accès carrossable de la route départementale avec les
boulevards central et de ceinture, vers le milieu de leur
parcours.

« La rampe amont a été ajoutée au projet primitif, sur
l'avis de la Commission extra-municipale, pour rempla-
cer le lacet du boulevard de ceinture qui avait été proposé à l'emplacement des squares et de leur escalier au
tournant E. Après examen des côtes du terrain, la
Commission a de même reconnu l'impossibilité de rem-
placer l'escalier D par des lacets. qui eussent été impra-
ticables en raison de leur peu de développement possible et de leurs pentes excessives que la déclivité du terrain rendait obligatoires. »

6° *Chemin de service des lots industriels.* — Ce chemin
fait suite au terre-plein situé au pied du mur de soutènement de la place, longe la route départementale qu'il
domine en terrasse, dessert la partie antérieure des lots
industriels et se raccorde au moyen d'un escalier avec
le boulevard central à sa jonction avec la route départementale.

7° *Un square.* — Ce square, situé au tournant E, est
partagé dans son milieu par un escalier donnant accès
du boulevard central au boulevard de ceinture. Sur ce

square il est réservé un lot communal de quatre cents mètres superficiels, destiné plus tard à servir d'emplacement pour la construction de la nouvelle Mairie. Ce lot occupe un des points culminants du nouveau quartier.

SUPERFICIES DES VOIES A OUVRIR

Les superficies occupées par les différentes voies de communication ci-dessus sont ainsi réparties :

1° *Boulevard de ceinture.* — Le boulevard de ceinture a un développement de 755 mètres, depuis le point A sur la route départementale au pied de l'escalier D en faisant partie, jusqu'au point H à côté du lavoir public situé en amont sur la route à l'origine du chemin conduisant au Séminaire. A ce développement de 755 mètres il y a lieu de retrancher la partie H G F développant 114 mètres environ, et qui est comprise dans la traverse de la place ; il reste donc, depuis le sommet F jusqu'au point A, au pied de l'escalier D, une longueur de boulevard de 641 mètres ayant une largeur constante de 10 mètres, soit une surface de six mille quatre cent dix mètres carrés, ci.............. 6.410

2° *Place.* — La place, limitée par les sommets H G F et la route, a une superficie de trois mille mètres carrés, ci........................ ... 3.000

Sur cette place, l'église occupera une surface de trois cent cinquante mètres et le presbytère et son jardin quatre cent cinquante mètres. Le chemin carrossable conduisant au Séminaire, dont l'emprunt est fait pour accéder à la place, n'est pas compris dans sa surface, quoique étant incorporé au quartier.

3° *Boulevard central.* — Le boulevard central, de son origine point kilométrique 5.250 sur la route départementale à sa rencontre avec le palier central de l'escalier D, a une longueur de

A reporter.... 9.410

Report.... 9.410

520 mètres et une largeur constante de 12 mètres, soit une surface de six mille deux cent quarante mètres, ci.......................... 6.240

Le rond-point central exige un supplément de surface de cent cinquante mètres, ci.......... 150

4° *Escaliers.* — L'escalier B a 20 mètres pour chacune de ses parties amont et aval, soit un développement total de 40 mètres entre boulevards et une largeur de 10 mètres, soit une surface de quatre cents mètres, ci 400

L'escalier D est compris ci-dessus dans la surface du boulevard de ceinture. L'escalier du square est compris dans la surface du square.

5° *Rampes transversales.* — Les deux rampes transversales ont un développement total de 125 mètres entre boulevards et une largeur de 8 mètres, soit une surface de mille mètres, ci...... 1.000

6° *Chemin de service des lots industriels.* — Ce chemin, y compris son escalier, a un développement de cent mètres et une largeur de 4 mètres, soit une surface de quatre cents mètres, ci   400

7° *Square.* — Le square, y compris son escalier d'accès, a une surface de six cents mètres, ci   600

Le lot communal réservé sur ce square a une surface de quatre cents mètres, ci............ 400

Ce qui donne pour les voies à ouvrir une surface totale de *dix-huit mille six cents mètres*, ci.. 18.600

La surface des terrains cédés par l'État étant de quatre hectares trente-neuf ares, soit quarante-trois mille neuf cents mètres, ci...... .... 43.900

La surface des voies à ouvrir étant, au maximum, de dix-huit mille six cents, ci.......... 18.600

Il restera donc, au minimum, à lotir une surface de terrain de *vingt-cinq mille trois cents mètres*, ci............... .... 25.300

LOTISSEMENT

Le lotissement proposé pour les 25.300 mètres de terrain à vendre ci-dessus se décompose comme suit :

1º Une bande de terrain de 2,500 m. (deux mille cinq cents mètres environ) à réserver pour des lots industriels sur les terrains faisant suite à la place de l'Eglise, en face la place actuelle de la Mairie.

Ces terrains sont divisés, à titre d'indication, sur le plan ci-joint, en quatorze lots à bâtir d'une superficie variable de 150 à 200 mètres, soit ensemble....   2.500

Ces lots, dans une situation excellente et au centre même du village, doivent, dans la pensée du Maire et du Conseil, être affectés à des constructions destinées au commerce, à l'industrie et à la classe ouvrière.

2º Tous les autres terrains, à partir du square jusqu'à l'extrémité du nouveau quartier, sont réservés pour être affectés à l'établissement de propriétés *particulières*, sur lesquelles seraient édifiées des villas, chalets ou tous autres types d'habitations privées.

Ces terrains sont divisés par le boulevard central, les rampes et les escaliers ; ils sont répartis, à titre d'indication et d'après la direction des voies qui les bornent, en trente-deux lots, dont la superficie varie entre 400, 500, 600, 700, 800 et 1.000 mètres. Ces 32 lots forment ensemble une surface de vingt-deux mille huit cents mètres, ci...................... .. .. 22.800

Surface égale aux terrains à lotir...... . ... 25.300

Les lots ci-dessus ont des limites parfaitement régulières; ils ont une profondeur minimum de 25 mètres, sauf pour les lots en triangle. Leur largeur pourra varier, au gré des acquéreurs, entre un minimum et un maximum qui sera fixé ultérieurement dans un cahier des charges qui devra servir de base à la vente des terrains.

Nous examinerons au chapitre des recettes la valeur des 25.300 mètres de terrains ci-dessus et le produit possible qu'on retirera de leur vente.

DÉPENSES

Les dépenses auxquelles donneront lieu les travaux nécessaires pour la création du nouveau quartier projeté, tel que le comporte le plan ci-annexé, se divisent en deux parties :

1° *Une première partie*, que nous appellerons partie obligatoire parce que les travaux qu'elle comporte sont, d'une part, ceux imposés dans la convention et qui doivent être exécutés par la commune en échange des terrains qui lui sont cédés ; d'autre part, ceux au préalable indispensables pour arriver à l'exécution de ceux imposés.

2° *Une deuxième partie*, qui comprend le restant des travaux à exécuter pour l'achèvement du nouveau quartier, et pour assurer la vente facile et avantageuse des terrains.

PREMIÈRE PARTIE

Travaux obligatoires

Les travaux de cette première partie comprennent :

1° *La construction d'une église et d'un presbytère.* — D'après la convention, la somme affectée à ces constructions est fixée à soixante mille francs. Cette somme est suffisante et les plans et devis seront établis en conséquence, de manière qu'elle ne soit en aucun cas dépassée dans l'exécution.

2° *La construction d'un mur de clôture* devant séparer le quartier projeté des terrains du Séminaire. Ce mur construit sur la limite A B C D E F G H a un développement de 765 mètres du point H au point A.

3° *L'Ouverture du boulevard de ceinture.* — Les travaux d'ouverture du boulevard de ceinture sont indispensables pour permettre la construction du mur de clôture ci-dessous. En effet, des études de nivellement qui ont été faites, il résulte que le boulevard de ceinture longera la limite du Séminaire constamment en déblai, à l'exception toutefois d'une longueur de 50 mètres à peine. Le mur qui devra être construit sera donc dans sa plus grande partie un mur de soutènement servant en même temps de mur de clôture.

La chaussée du boulevard de ceinture sur toute sa longueur, ainsi qu'il est facile de s'en rendre compte sur le plan ci-annexé, sera en moyenne à 2^{m}05 au-dessous des terrains laissés au Séminaire et qu'il y aura lieu de soutenir en partie. Les travaux d'ouverture du boulevard de ceinture, au moins en tant que déblai, devront donc forcément précéder les travaux de construction du mur dans certaines parties et être exécutés simultanément dans d'autres.

4° *L'ouverture de la place et la construction de son mur de soutènement.* — Pour pouvoir exécuter la construction de l'église et du presbytère, il est nécessaire de procéder tout d'abord aux déblais indispensables pour abaisser de 1^{m}75 en moyenne le niveau actuel de la place beaucoup trop élevé. Le mur de soutènement de la place doit être exécuté en même temps, ainsi que son escalier d'accès, situé en son axe.

5° *L'ouverture des rampes transversales et la construction de leurs murs de soutènement indispensables.* — Ces rampes sont indispensables, dès le début, pour assurer le transport facile des matériaux au centre même des boulevards de ceinture et des terrains. L'ouverture de ces rampes pourra même assurer immédiatement la vente de certains lots.

Avant de passer à l'évaluation des travaux ci-dessus, il est bon de faire connaître sommairement la nature des terrains à déblayer pour l'ouverture des voies.

On peut classer les différentes natures de déblais dans les proportions suivantes :

2 5es, terre ordinaire, pierre, pierraille, tuf à la pioche (terre de 2 à 4 hommes) ;

1/5ᵉ, schiste tendre et couches rocheuses ;

1/5ᵉ, schiste dur et roc de moyenne dureté ;

1/5ᵉ, roc de première dureté.

Les sondages qui seront faits ultérieurement pourront donner lieu à une classification plus exacte en détails, sans toutefois modifier l'ensemble des proportions ci-dessus.

Il s'ensuit que les voies d'accès seront ouvertes, dans certaines parties, dans la roche compacte. En conséquence, dans certains endroits, des murs de soutènement ne seront nullement nécessaires, dans d'autres ils seront en parties nécessaires soit comme couronnement, soit comme masque dans l'intervalle des parties rocheuses pour tenir les terrains mouvants. Enfin, dans d'autres, où la terre domine, ils seront nécessaires dans toute la hauteur du talus.

D'après ce qui précède, nous estimons que les murs de soutènement seront, par rapport aux talus, dans les proportions suivantes :

Dans les 2/5ᵉˢ des talus, des murs de soutènement seront absolument nécessaires ; dans 1/5ᵉ. ils seront nécessaires, mais à la rigueur facultatifs ; dans 1 5ᵉ, ils seront absolument facultatifs et. dans un 1/5ᵉ, complètement inutiles.

Les murs de soutènement des boulevards ne sont compris au projet que pour les 3 5ᵉˢ des talus.

Relativement au talus du boulevard de ceinture, comme nous l'avons dit plus haut, la chaussée du dit boulevard sera en moyenne à 2ᵐ05 au-dessous des terrains du Petit Séminaire. En conséquence, la clôture du Séminaire aura toujours, par le déblai, une hauteur constante minimum de 2ᵐ05.

Dans certaines parties de la hauteur. la maçonnerie sera remplacée par la roche elle-même. De même sur la longueur, le mur couronnera le talus de la hauteur nécessaire pour former parapet de deux mètres au-dessus du niveau normal des terrains actuels.

Il s'ensuit que la clôture obligatoire du Séminaire sera totalement assurée, conformément à la convention.

Pour toutes les voies, l'inclinaison des talus, formés soit par la roche, soit avec mur de soutènement, sera de 1/10°. Tous les murs de soutènement sont prévus en maçonnerie de moellons hourdée au mortier hydraulique. Le parement vu du moellon têtué et jointoyé par assises réglées.

Les marches des escaliers sont prévues en pierre de taille dure du pays, posée au mortier hydraulique sur massif de maçonnerie hydraulique.

Le montant du devis des travaux de la première partie se décompose comme suit :

1° Église et presbytère, somme fixée par la convention, 60.000 francs. ci............. 60.000

2° Ouverture du boulevard de ceinture.

Déblais 7,020 mètres cubes, coût. 13.000 »
Construction du mur de soutènement de clôture, d'une longueur totale de 765 mètres ; hauteur moyenne des maçonneries, 2^m05, 2^m47 et 2^m90 ; épaisseur moyenne, 0^m50, 0^m60 et 0^m65 ; coût, 14,000 francs, ci. 14.000 » 27 000

3° Ouverture de la place.

Déblais, 3,200 mètres cubes, coût. 5.000 »
Construction du mur de soutènement, sur une longueur de 70^m50 ; hauteur moyenne des maçonneries, 5^m20 ; épaisseur moyenne, 1^m ; coût..................... 5.500 » 14.500
Construction de l'escalier de la place, formé de un perron central de 8 mètres de largeur et de 6 marches et deux volées de chacune 31 marches de 5 mètres de largeur, coût 4.000 fr., ci.......................... 4.000 »

A reporter.......... 101.500

Report............ 101.500

4° OUVERTURE DES RAMPES TRANSVERSALES.

Déblais, 1,650 mètres cubes, coût.   3.000   »

*Construction des murs de soutène-
ment indispensables*, sur un développement moyen de 125 mètres ; hauteur moyenne des
maçonneries, 0 ^m 85 et 2 ^m 00 ;
épaisseur moyenne, 0 ^m 50 et
0^m 70, coût 3,000 francs, ci...   3.000   »

> 6.000

Le montant total du devis des travaux obligatoires de la première partie s'élève à la somme

de *cent sept mille cinq cents francs*............ 107.500

Tous les travaux ci-dessus devront être exécutés de
front et ne pourront être scindés, l'exécution des uns
dépendant de l'exécution préalable des autres.

DEUXIÈME PARTIE

Si les travaux de la première partie sont obligatoires
comme étant imposés par la convention, ceux de la se-
conde partie sont en tout cas nécessaires pour assurer
la création du nouveau quartier et parce qu'ils sont le
complément obligé des premiers.

En conséquence, une fois l'exécution des travaux de
la première partie terminée, il y aura lieu de procéder
sans désemparer à celle des travaux de la deuxième.

L'exécution de la deuxième partie est, comme nous
l'avons déjà dit, indispensable, si l'on veut assurer le
lotissement facile et la vente immédiate des terrains.
Sans accès, ces terrains seraient assurément mal vendus,
sinon invendus.

En effet, par l'exécution de la première partie, en
dehors des travaux imposés, église, presbytère et mur
de clôture, on aura seulement ouvert la place, construit
son mur de soutènement et son escalier, exécuté les
déblais et les murs de soutènement du boulevard de

ceinture et on aura ouvert les rampes transversales et construit leurs murs de soutènement indispensables, mais on n'aura exécuté aucun des travaux de voirie nécessaires à la viabilité de ses voies. Les travaux de la première partie étant donc insuffisants pour permettre l'accès de tous les terrains lotis et en assurer la vente, ils devront être immédiatement complétés par ceux de la deuxième.

Les travaux de cette deuxième partie comprennent :

1° *L'ouverture du boulevard central et la construction de ses soutènements ;*

2° *L'ouverture du chemin de service des lots industriels et la construction de ses soutènements.*

3° *L'ouverture et la construction des escaliers,* y compris la construction de l'escalier D faisant partie du boulevard de ceinture.

4° *L'ouverture du terre-plein ou banquette* le long de la route départementale et construction des murs de soutènement indispensables.

5° *Empierrement* de la place, du boulevard de ceinture, du boulevard central, des rampes transversales et du chemin de service.

6° *Construction de trottoirs et caniveaux en bordure de toutes les voies ci-dessus.*

7° *Construction des égouts* indispensables, regards et bouches d'égouts.

8° *Établissement des plantations* en bordure des boulevards, sur la place, le square et les terre-pleins des escaliers.

9° *Établissement de réverbères* pour l'éclairage du nouveau quartier.

Le montant ou devis de la deuxième partie se décompose comme suit :

1° OUVERTURE DU BOULEVARD CENTRAL, d'une longueur de 620 mètres.

Déblais, 7.250 mètres cubes. . . 15 000   »
Construction de ses soutènements, d'une longueur totale de 480 mètres : hauteur moyenne des maçonneries, 1^m 75 ; épaisseur moyenne, 0^m 65, coût 8,500 fr., ci . . . . 8.500   »

23 500

2° OUVERTURE DU CHEMIN DE SERVICE DES LOTS INDUSTRIELS.

Déblais, 1,200 mètres cubes. . . . 2.500   »
Construction de ses soutènements, sur une longueur de 110 mètres ; hauteur moyenne des maçonneries, 2^m 50 ; épaisseur moyenne, 0^m 70, coût. . . . . 3.500   «
Construction de son escalier, raccordant ce chemin au boulevard central. . . . . 2.000   »

8.000

3° OUVERTURE ET CONSTRUCTION DES ESCALIERS.

Escalier du square, 45 marches de 2^m 70 de largeur, divisées en 3 volées contraires, séparées par deux paliers intermédiaires.

Déblais, 230 mètres cubes. 550   »
Murs de soutènement, assises et pierre de taille des marches. . . . 3.250   »

3.800

Escalier B. Parties amont et aval, ensemble 102 marches divisées en 6 volées droites, doubles et parallèles, de 2^m de largeur, séparées par 4 paliers intermédiaires.

Déblais, 690 mètres cubes. . . . . . . 1.400   »
Murs de soutènement, assises et pierre de taille des marches ... 7.500   »

8.900

Escalier D. Partie aval, 81 marches, divisées en 3 volées droites, doubles et parallèles, de 2^m de largeur, séparées par 2 paliers in-

A reporter. 44.200

Report.......... 44.200

termédiaires ; Partie amont, de 105 marches, divisées en 7 volées droites et contraires de 2ᵐ 50 de largeur, séparées par 6 paliers intermédiaires.

Déblais, 1,250 m. cubes......... 2.550 »
Mur de soutènement, assises et pierre de taille des marches... 10.250 » } 12.800

4° OUVERTURE DU TERRE-PLEIN OU BANQUETTE le long de la route départementale.

Déblais, 2,180 m. cubes......... 4.000 »
Construction de ses soutènements, d'une longueur totale de 506 mètres ; hauteur moyenne des maçonneries, 2ᵐ 30 ; épaisseur moyenne, 0ᵐ 70............. 8.800 » } 12.800

5° EMPIERREMENT, exécuté au moyen de matériaux provenant des déblais, cassés à la grosseur fixée, régalés avec addition de tuf et autres matières d'agrégation, parfaitement arrosés, damés et comprimés au rouleau sur une épaisseur finale de 0ᵐ 20 au moins.

Place, surface empierrée 780 mètres carrés....... .... 750 »
Boulevard de ceinture, empierré sur 5 mètres de largeur, soit 558 mètres cubes................. 2.550 »
Boulevard central, empierré sur 5 mètres de largeur, soit 530 mètres cubes.................... 2 400 » } 6.550
Rampes transversales, empierrées sur 5 mètres de largeur, soit 120 mètres cubes...... .... 650 »
Chemin de service des lots industriels, empierré sur 2 mètres 50, soit 45 mètres cubes.......... 200 »

A reporter.......... 76.350

Report.......... 76.350

6° Construction de bordures de trottoirs avec caniveaux.

Bordures de trottoirs en dalles relevées, dites bordures d'escaliers, posées sur forme de sable et rejointoyées au mortier hydraulique ; le pavage des caniveaux, de 0^{m}50 de largeur, en pavés ordinaires ou bien en dalles, posés sur forme de sable et aire en mortier, rejointoyés au mortier hydraulique.

Boulevard de ceinture, ayant un trottoir de 2 mètres de chaque coté et 6 mètres de chaussée ; bordures et caniveaux........ 4.500 »

Boulevard central, ayant un trottoir de 3 mètres de chaque côté et 6 mètres de chaussée ; bordures et caniveaux.......... 4.250 »

Banquette sur la route et terre-plein de la route, ayant un trottoir de 3 mètres du côté du talus ; bordure et revêtement du fossé.. 3.800 »

Rampes transversales, ayant un trottoir de 1 mètre de chaque coté et 6 mètres de chaussée ; bordures et caniveaux........ 950 »

Chemin de service des lots industriels, ayant un trottoir de 1 mètre de largeur seulement du côté du mur de soutènement et un caniveau de chaque coté : bordures et caniveaux........ 550 »

14.050

7° Construction des égouts et construction de 5 regards avec cheminée de descente et 25 bouches d'égout avec cheminée de chute...... 5.200

8° Plantations.

L'établissement des plantations ; deux rangs

A reporter........ 95.600

Report.......... 95.600

d'arbres sur chacun des boulevards de ceinture et central, un rang en bordure sur la route départementale, un quinconce sur la place et des massifs pour le square central et les paliers des escaliers, coût....................................... 2.250

9° Établissement des réverbères nécessaires pour l'éclairage du nouveau quartier, soit quinze réverbères avec poteaux............... 1.050

Le montant total du devis de travaux de la 2ᵉ partie s'élève à la somme de *quatre-vingt-dix-huit mille neuf cents francs, ci*............. 98.900

RÉCAPITULATION

1° Montant du devis des travaux de la première partie, ci................................ 107 500

2° Montant du devis des travaux de la deuxième partie, ci...................... 98.900

Le montant total des dépenses nécessaires pour la création et l'aménagement complet du nouveau quartier s'élève donc à la somme de *deux cent six mille quatre cents francs, ci*...... 206.400

A cette somme, nous ajoutons celle de quinze mille francs à valoir pour parer à tous imprévus, ci....................................... 15.000

Soit pour le montant maximum des dépenses, un total général de........................ 221.400

Ce montant maximum ne sera assurément pas atteint; il résulte de calculs et d'évaluations sensiblement majorés, ainsi qu'il est rationnel de le faire pour un avant-projet.

Il y a lieu de remarquer, en outre, que l'ouverture des boulevards et voies d'accès, en raison de la nature et de la composition des terrains, fournira en quantité relativement considérable la pierre nécessaire pour la construction des murs de soutènement et qu'on trouvera en grande partie également le sable nécessaire à la fabrication des mortiers. On trouvera de même la pierre nécessaire à l'empierrement des chaussées, comme il est prévu du reste à cet article des dépenses.

La valeur des matériaux trouvés à pied d'œuvre et qui viendrait en déduction sur la masse des travaux peut être évaluée à 25 0/0 du montant des travaux de maçonnerie, soit à la somme de 15,000 francs en chiffre rond.

Enfin, nous ne parlons que pour mémoire du rabais de l'entreprise, qui viendra également en déduction sur la masse des travaux.

En conséquence, tenant compte des déductions obligées ci-dessus, nous concluons que les dépenses nécessitées par la création et l'aménagement du nouveau quartier de Kouba neuf s'élèveront en chiffre rond à *deux cent mille francs.*

RECETTES

Nous allons examiner maintenant quelle est la valeur moyenne des terrains à lotir et quelles sont les recettes sur lesquelles la commune est en droit de compter en compensation des dépenses qu'elle aura faites pour la création du nouveau quartier.

Tout d'abord, on est forcé de reconnaître que les terrains de ce nouveau quartier ont une réelle valeur. A trois quarts d'heure du centre d'Alger, sur une grande route desservie par des voitures publiques, ils sont dans une situation unique, sur une colline des plus belles et des plus salubres des environs.

De ces terrains, on domine Alger, les coteaux de Mustapha, toute la rade d'Alger à Matifou, jalonnée par l'Agha, Mustapha-Inférieur, le Hamma, Jardin d'Essai, Hussein-Dey, Maison-Carrée, Fort-de-l'Eau, Aïn-Taya. La vue n'est masquée par rien, on domine tous les points ci-dessus et l'on est vu de tous.

C'est une position exceptionnelle. Aussi croyons-nous que les terrains seront très recherchés, surtout une fois le quartier aménagé et les travaux de voirie terminés.

Nous sommes d'avis de fixer le prix du mètre carré à huit francs en moyenne, et il nous paraît certain que les terrains feront prime une fois le quartier amorcé et les premiers lots vendus et bâtis.

Nous sommes en outre d'avis d'échelonner les ventes, de ne pas vendre plus de huit à dix lots de suite et d'attendre pour mettre successivement les autres en vente ; de ne point vendre aux enchères, mais de gré à gré avec une base minima pour le prix et un cahier des charges arrêté par le Conseil municipal ; de fixer une surface minima et une surface maxima pour les lots ; de 400, 500, 600, 700, 800 mètres par exemple, à seule fin d'empêcher l'accaparement et pour avoir le plus grand nombre possible de maisons.

Prenant pour prix moyen huit francs le mètre carré, nous estimons que les 25,300 mètres carrés de terrain à bâtir peuvent se vendre en trois séries échelonnées. La première série serait vendue à raison de six francs au minimum, la deuxième huit francs, la troisième dix francs et une quatrième, pour les lots industriels, à huit francs en moyenne.

Les recettes produites par ce mode de vente seraient comme suit :

1ʳᵉ Série. — 11 lots d'une surface variable, ayant ensemble 7,600 mètres carrés à 6 francs... 45.600 »

2ᵉ Série. — 11 lots d'une surface variable, ayant ensemble 7,600 mètres carrés à 8 francs .... 60.800 »

3ᵉ Série. — 10 lots d'une surface variable, ayant ensemble 7,600 mètres carrés à 10 francs .... 76.000 »

4ᵉ Série. — 14 lots industriels d'une surface variant de 150 à 200 mètres carrés, ayant ensemble 2.500 mètres carrés à 8 francs en moyenne...................... 20.000 »

Soit un total de 25,300 mètres carrés à huit francs en moyenne, soit *deux cent deux mille quatre cents francs,* ci............... 202.400 »

A cette somme, il y a lieu d'ajouter :

1° Le produit de la vente de la vieille
église .... 12.000   »

2° Le produit de la vente de la maison
mauresque comprise dans les terrains..... 18.000   »

Total des recettes produites par la vente
des terrains et immeubles, *deux cent trente-
deux mille quatre cents francs*, ci.......... 232.400   »

Si nous comparons le montant des recettes avec le
montant des dépenses, nous avons :

Montant total des recettes par la vente des
terrains et immeubles, ci.................... 232.400
Montant total des dépenses, ci............ 221.400

Il reste un excédent en recettes de........ 11.000
Cette somme s'augmente d'abord de la valeur
fixée plus haut pour les matériaux provenant
des déblais, ci.......... ... . 15.000
plus de la somme à valoir ajoutée plus haut
au montant des dépenses, ci............... 15.000

Nous avons donc sur le montant réel des
dépenses un excédent de recettes de *qua-
rante-un mille francs*, ci.................... 41.000

En dehors des recettes prévues ci-dessus, la commune
possède des ressources spéciales pour assurer dès maintenant l'exécution de la première partie des travaux,
partie obligatoire et devant provoquer les recettes prévues.

Ces ressources spéciales, composées de l'avoir en
caisse (19,000 fr. environ) et du produit d'un emprunt
au Crédit Foncier (85,000 fr.) s'élèvent à la somme de
104,000 francs environ et viennent encore s'ajouter
au montant des recettes.

Mais puisque sans cette somme l'excédent des recettes sur les dépenses, comme il est établi ci-dessus, est
déjà de 41,000 francs, et la somme de 104,000 francs,

venant forcément s'y ajouter, l'excédent total à la fin de l'opération sera donc de cent quarante-cinq mille francs, ci................................... 145.000

Cet excédent permettra :

1° De payer au Séminaire l'indemnité qui lui est due, en vertu de la convention, pour perte du revenu des terrains cédés, soit............................... 30.000 } 115.000

2° De rembourser au Crédit Foncier le montant de l'emprunt contracté pour engager l'affaire, soit... 85.000

Il restera donc encore un reliquat de recettes s'élevant à la somme de *trente mille francs*, ci.... 30.000

Cette somme, qui reste absolument disponible, est bien suffisante pour parer à toutes les éventualités. Il est même à prévoir qu'elle ne sera pas dépensée, tout au moins une partie, qui deviendra ainsi, une fois tout liquidé, un bénéfice net pour la commune.

Par ce qui précède, nous voyons donc que le nouveau quartier projeté de Kouba neuf se crée par lui-même avec ses propres ressources, en quelque sorte sans bourse délier pour la commune, puisque les recettes remboursent et au delà les dépenses et les avances.

En conséquence, nous concluons que la commune de Kouba peut, sans crainte d'aléa, réaliser le projet de création et d'aménagement du nouveau quartier de Kouba neuf sur les terrains domaniaux distraits du Séminaire et cédés par l'État à la commune.

Fait à Kouba, le 1er janvier 1886.

SEIGLE-GOUJON,
Architecte.

Approuvé le présent rapport :
Les membres de la Commission extra-municipale,
J. RATTIER. — SERVAT. — COHADE.

Affirmé :
A Kouba, le 23 février 1889.
Le Maire,
VERLAGUET.

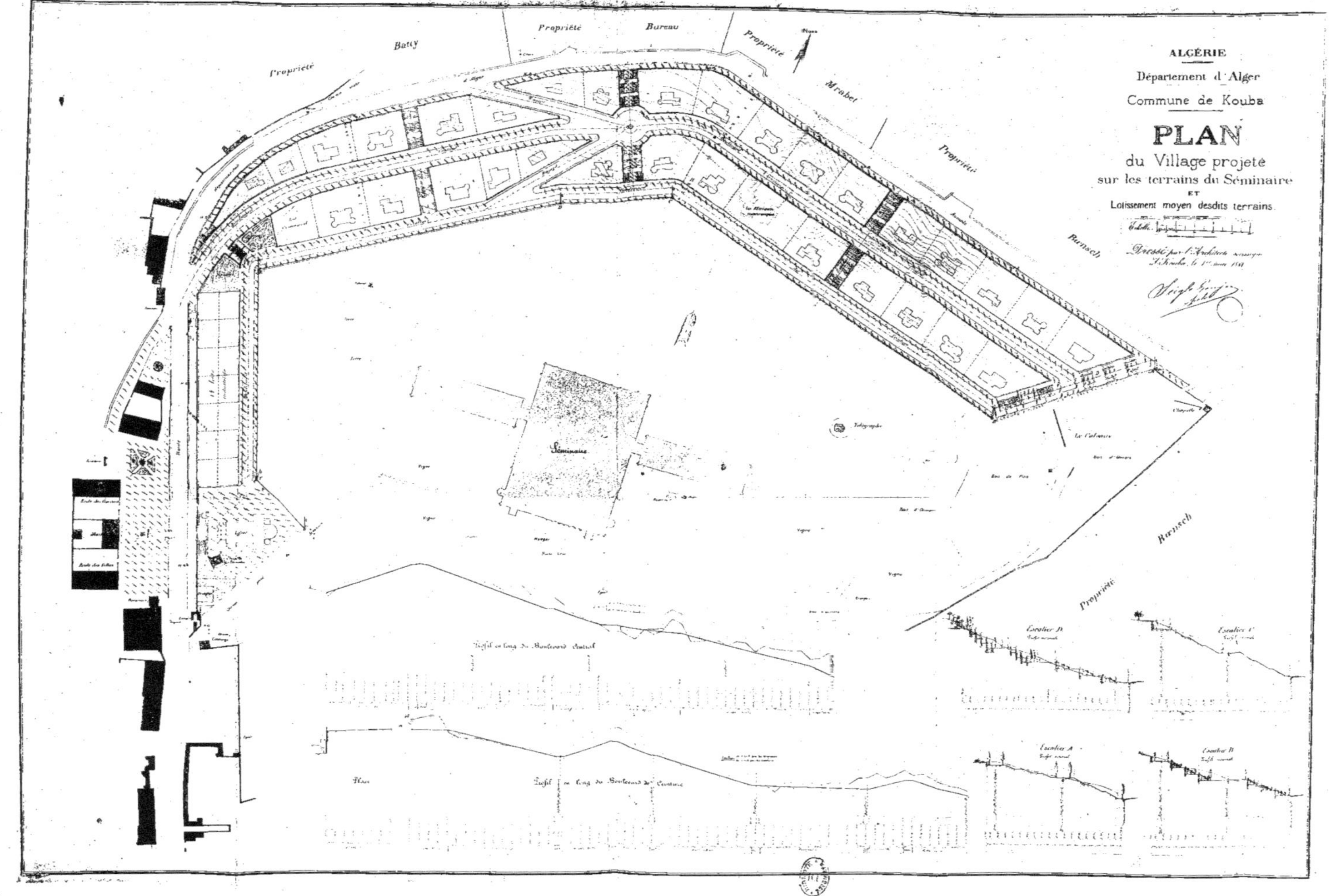

ALGÉRIE
Département d'Alger
Commune de Kouba
PLAN
du Village projeté
sur les terrains du Séminaire
ET
Lotissement moyen desdits terrains.
Echelle
Dressé par l'Architecte soussigné
Kouba, le 1er mars 1881
Propriété
Batty
Propriété
Bureau
Propriété
Mrabet
Bœnsch
Séminaire
Télégraphe
La Colonne
Bois de Pins
Bois d'Oranges
Propriété
Bœnsch
Escalier D
Escalier C
Escalier A
Escalier B
Profil en long du Boulevard Central
Profil en long du Boulevard de Ceinture